DE LA

POLICE DES MOEURS

A ALGER

ALGER
IMPRIMERIE ET LITHOGRAPHIE F. PAYSANT
Rue des Trois-Couleurs, 19.
—
1869

POLICE DES MŒURS

A ALGER

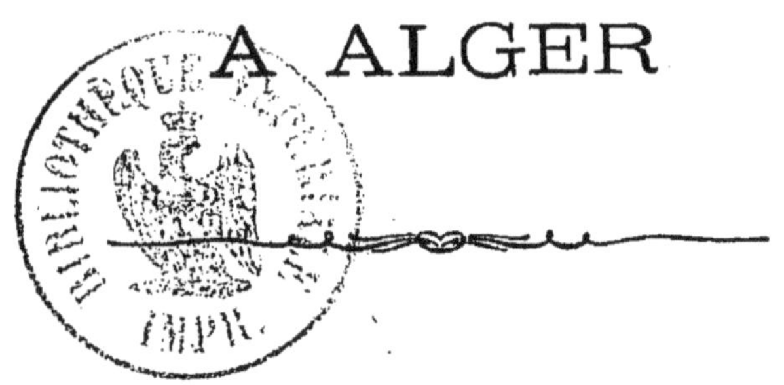

Nous sommes loin d'avoir la prétention de traiter un sujet neuf. Si d'autres, beaucoup d'autres ne l'avaient déjà étudié ,approfondi, aurions-nous assez de résolution pour l'aborder ? Nos remarques ne seront donc que le reflet ou l'écho de remarques antérieures. Cet opuscule n'offrira qu'un résumé de la plus grave des questions qui agitent et troublent l'organisme social, résumé ayant pour principal objectif les désordres et les abus dont nous sommes témoins, et auxquels il importe d'opposer, nous n'osons dire des remèdes efficaces, —un traitement radical est malheureusement impossible, -- mais des palliatifs ou dérivatifs propres à en arrêter le développement ou à en affaiblir l'effet.

Hâtons-nous de rendre cette justice aux journaux de la localité, qu'eux aussi nous ont frayé la voie par des réclamations malheureusement trop isolées pour frapper d'une manière assez vive l'attention publique et éveiller, selon leur désir, la sollicitude de l'administration préoccupée de soins trop nombreux. Certes, il serait injuste de reprocher à celle ci son impuissance relative, alors qu'il ne saurait dépendre de sa volonté de tout faire avec des moyens insuffisants; mais s'ensuit-il qu'on ne doive pas chercher à stimuler son action et à la diriger vers certaines mesures dont la nécessité se fait plus particulièrement sentir.

Sans remonter bien haut, l'*Akhbar* du 10 juin dernier, publie un entre-filets, auquel nous empruntons les passages suivants :

Quelle peut être la profession de ces femmes, trop nombreuses, hélas ! qui circulent, le jour et le soir, dans les plus beaux quartiers de la ville, sur les promenades publiques, et dont la démarches cavalière, le verbe trop élevé, le regard par trop provoquant, pour ne pas dire plus, font tourner la tête, de dégoût, aux honnêtes gens, et inspirent presque un sentiment d'effroi à des familles se composant, en partie, de jeunes filles naïves et chastes !

C'est à ne plus savoir quelle route suivre, quand, pour affaires ou pour délassement, on quitte son domicile.

Comment se fait-il que les mêmes dames excentriques habitent ou visitent incessamment bien des petits hôtels et la grande majorité des maisons meublées, situées dans les rues les plus fréquentées, où elles sont trop souvent un sujet de scandale pour les locataires honorables que leur petite position de fortune force à habiter; ce qui rend même souvent presque impossible aux étrangers. voyageant en famille, de trouver un logement garni convenable ?

Pourquoi ces mêmes femmes continuent-elles, de leur croisée, cette pantomime agaçante où les yeux et certaine désinvolture de toilette jouent un si grand rôle ?

Triste vis-à-vis pour les maisons en face de la leur ! Voilà ce qui nous semble répréhensible : voilà ce que ceux qui s'adressent à notre publicité voudraient voir cesser.

Et de son côté, le *Courrier de l'Algérie* s'exprime ainsi, à la date du 13 juillet suivant, après avoir applaudi à l'initiative prise par son confrère :

Nous venons aujourd'hui compléter la nomenclature des griefs mis en avant par la population honnête.

Ces créatures ne se contentent pas seulement de tenir beaucoup de place sur les promenades dans le but de s'y faire remarquer, de se faire rechercher, mais elles choisissent par fois aussi ces lieux de réunion pour y vider leurs tristes différends, ce qui est plus répréhensible encore.

Il y a quelque un pénible spectacle de cette nature était donné sur le Gouvernement aux familles venues pour y entendre la

Toutes ces femmes doivent être connues ; elles sont, nous aimons à le croire, sous la surveillance de la police dont leur profession les rend tributaires. Pourquoi donc ne pas les assujétir à la même règle que leurs semblables ?

La police pourrait, en même temps, et cela lui serait facile, rechercher ces malheureuses, vétérans du vice, et qui, ne pouvant plus l'exploiter par elles-mêmes, cherchent à détourner de leurs devoirs de toutes jeunes filles, des enfants même qu'elles vont ensuite offrir contre un indigne salaire.

Faire cesser cette ignoble industrie, c'est détruire deux maux, non moin sérieux l'un que l'autre : d'abord, mettre fin au métier de ces professeurs de débauche si dangereux pour la jeunesse; puis ne plus exposer certaines personnes, jusqu'à ce jour honorables, à des poursuites pour s'être laissées aller à un instant d'entraînement ce qui n'aurait pas eu lieu si elles n'y avaient été provoquées.

On est généralement exposé à se voir accosté, le soir, dans les grandes rues, sur les places les plus éclairées, par des émissaires que l'on peut qualifier de courtiers de prostitution, et qui, nous sommes heureux de le constater, appartiennent, sans exception, à la lie des indigènes, juifs et maures. C'est avec un cynisme inqualifiable qu'ils vous offrent de vous piloter.

Citons aussi ces jeunes filles de tous les pays, soi-disant domestiques sans place, circulant tous les jours dans les rues et sur les marchés, ne vivant, dit-on, que du produit de leur *industrie*.

Comme nous espérons n'avoir plus à y revenir, vidons notre sac en cherchant à éveiller l'attention de l'autorité sur ces établissements borgnes, du dernier étage, ayant une clientèle on ne peut plus mêlée, où le service est fait par des femmes sans vergogne, qui cherchent à deviner dans votre regard si elles doivent ou non vous rendre la monnaie de votre pièce.

Elles prennent dans ces bouges des habitudes d'intempérance bien préjudiciables à leur santé, qui contribuent à rendre leurs allures fort inconvenantes.

Il est de ces exploitations où on peut constater un changement si fréquent et si personnel, qu'on est à se demander si notre ville peut suffire à un tel recrutement.

D'où sortent donc celles qui y debutent ?

Où vont celles mises à la réforme, après quelques jours d'activité?

Enfin, ce mal hideux, que nous signalons après bien d'autres, est-il donc si incurable pour qu'on lui laisse suivre son cours sans lui opposer d'énergiques réactifs ?

Il faut le croire, puisque, en dépit de leur énergie, toutes les réclamations de la nature de celles que nous venons de reproduire sont restées sans effet.

Déjà, en 1853, le docteur Duchesne avait fait un tableau saisissant de la prostitution telle qu'elle existait alors dans la ville d'Alger. Hélas ! sous ce rapport, le présent n'a rien à envier au passé. Après en avoir établi l'historique, il en pénètre les détails avec le courage d'un homme habitué à se servir du scalpel contre les plaies les plus hideuses.

Dans les pays d'Europe on ne se trouve guère en présence que d'une sorte de prostitution ; ici, il y en a deux, l'une femelle et l'autre mâle.

« Les documents administratifs, les arrêtés, dit le docteur, ne parlent que de la prostitution des femmes, et cependant ne faudrait-il pas se préoccuper de l'infâme métier qu'exerce l'enfance sous les yeux de l'administration ? »

Appuyé sur les citations qui précèdent, notamment sur les récents articles de l'*Akhbar* et du *Courrier de l'Algérie*, qui n'ont été suivis d'aucun communiqué, d'aucune réfutation, nous n'avons pas à craindre, le reproche d'exagération; nous n'avons pas à craindre, non plus, qu'on nous accuse de soulever une question inopportune, et de remuer, sans nécessité rigoureuse, une fange qu'il vaudrait mieux laisser à l'état stagnant.

Non, non !

Ces lignes, d'ailleurs, ne sont pas destinées à être lues par tout le monde, mais seulement par ceux qui ne voient que le but à atteindre et s'y portent résolûment en fermant les yeux sur le reste.

Nous avons entendu certains optimistes soutenir que la ville d'Alger s'était moralisée sensiblement depuis les premières années de la conquête.

Le fait est qu'aujourd'hui on met plus de formes, on prend plus de précautions à satisfaire ses passions honteuses.

Autrefois, les officiers revêtus de leurs insignes, allaient par groupes, en plein jour, dans les maisons de tolérance ou chez les courtisanes éhontées, tout comme on va ensemble au café, au spectacle ou sur les places publiques.

Les jeunes gens avaient pour habitude de se réunir, le soir, pour monter dans le haut de la ville et faire jusqu'à cinq à six de ces visites dans diverses maisons. Beaucoup ont appris l'arabe par ce moyen.

Aujourd'hui, la débauche porte un masque, ne s'aventure à travers les carrefours qu'enveloppée dans un manteau couleur de muraille, et ne frappe aux portes suspectes qu'après s'être assuré le mystère et la discrétion. Mais, pour être dissimulée est elle moins répandue ?

Si nous possédions une statistique exacte des femmes qui se livrent comme marchandise, nous acquerrions aussitôt la preuve que la situation ne s'est modifiée qu'à la surface.

Nous parlons ici de celles qui échappent au contrôle de la police, qui exercent leur triste métier en contrebande, s'il est permis de s'exprimer ainsi.

Cette catégorie, la plus dangereuse à tous les points de vue, se divise et se subdivise elle-même, suivant l'âge, la position, les moyens de séduire.

Elle s'élève des régions les plus basses jusqu'à une sorte d'aristocratie qui se distingue par son luxe, son orgueil, son influence, là où l'on ne soupçonnerait jamais qu'elle pût ou dût s'exercer.

C'est à ce sommet que nous trouvons la *grande cocotte*, fille, mariée ou veuve.

Mais, si vous le permettez, nous ne comprendrons point cette prêtresse des amours illicites parmi celles qui paient tribut à la prostitution clandestine, car cette dernière procède dans l'ombre, fuit l'éclat et la publicité, se cache sous les formes les plus variées et ne se soutient que par la ruse, la fourberie ou le mensonge.

D'ailleurs, ce mot : prostitution, a un sens déterminé que l'on ne peut étendre arbitrairement. La pratique du vice

dans de certaines limites, le désordre de conduite, le sacri-
fice des devoirs à des relations que réprouvent la pudeur et
la morale, ne constituent point la prostitution. S'il en était
autrement, toute femme, ayant quelques amants mériterait
d'être inscrite. Où cela conduirait-il ? Ne sortons pas du
cadre rigoureusement tracé ; il nous reste encore une assez
large part.

La prostituée, quelle que soit sa manière de trafiquer, est
celle qui se loue au premier venu, moyennant un prix fixe ou
débattu d'avance. Le choix, le sentiment, le caprice n'entrent
pour rien dans la négociation. Mais la prostitution clandestine, à laquelle nous nous arrêterons quelques instants, est,
sous le rapport des mœurs et de son influence pernicieuse,
bien autrement grave que la prostitution publique.

« C'est elle, dit Parent-Duchâtelet, qui corrompt et per-
vertit l'innocence et qui revêtant les apparences les plus honnêtes, paralyse l'autorité, la brave à chaque instant et propage impunément la contagion la plus affreuse et l'immora-
lité la plus grande. »

A Alger, la prostitution clandestine ne compte pas ses victimes. Elle y enrôle, comme néophytes, des petites filles eu-
ropéennes qui ont moins de 13 ans ; chez les indigènes, eu
égard à leur précocité particulière, cet âge semble en quelque sorte normal et ne révolte guère. On comprend que cette
prostitution de jeunes filles à peine sorties de l'enfance, se
cache pour échapper aux poursuites, quand on connaît la
sévérité de nos lois contre ceux qui abusent d'une enfant, et
la gravité des peines qu'elles infligent à cette débauche prématurée. On ne doit pas espérer que la justice parvienne souvent à surprendre un secret si essentiel pour les auteurs et
complices d'un tel crime.

La prostitution clandestine se trouve, ici, dépréciée par la

concurrence — *proh pudor !* — comme une honnête industrie bourgeoise. Qui le croira ? On nous a affirmé que moyennant une misérable pièce de vingt sous!...... Cela fait hor-
reur !

Les femmes adultes, qui exercent également en dehors de
toute surveillance, se font payer plus cher, sans doute par-
ce qu'elles exposent à moins de dangers.

Ce sont celles qui redoutent de se soumettre aux visites
de la police et du médecin, ou qui, par un reste de pudeur,
ne veulent pas entrer dans les maisons légalement autorisées.

Les *proxénètes* sont les intermédiaires obligés de la prostitution clandestine ; vous êtes accostés sur la voie publique,
même pendant le jour, par ces ravitailleurs de débauche qui
cherchent à provoquer les sens par les plus dégoûtantes pro-
positions. Le *proxénète* prend d'ailleurs mille formes : tantôt
c'est un *caoued* arabe, inconscient de son métier ; tantôt
c'est une vieille femme à laquelle on donnerait le bon Dieu
sans confession.

La police a le droit et le devoir, tant sous le rapport moral
que sous le rapport sanitaire, de rechercher celles et ceux
qui se livrent à la prostitution clandestine ou qui la favo-
risent.

« Sous le rapport moral, dit notre auteur, Parent-Duchâtelet, n'est-il pas évident que cet ordre de choses propage le
vice et la corruption sans qu'on ait moyen d'en réprimer les
excès ? Ne livre-t-il pas à la prostitution une foule de jeunes
filles qui, sans cela, seraient restées vertueuses et innocentes?
Peut-on penser, sans frémir, au temps présent et à venir de
ces enfants livrées à la brutalité de tout ce que la société
renferme de plus vicieux, quelquefois battues et maltraitées,
lorsqu'il leur arrive de faire résistance, et cela par celles mêmes qui les livrent à ces êtres dépravés, dignes de notre mé-

pris et de notre indignation ? On ne saurait trop le répéter :
à l'époque actuelle, ce n'est pas dans les maisons tolérées
que les jeunes filles se perdent, mais bien dans les maisons
clandestines, où on les attire par la ruse et la violence ; c'est
là qu'on les séduit, qu'on les prépare, qu'on les façonne au
libertinage et qu'on les prostitue.

» Sous le rapport sanitaire, les conséquences ne sont pas
moins importantes ; c'est par le moyen de la prostitution clandestine que la syphilis perpétue et propage ses ravages ; par
elle encore sont rendues inefficaces beaucoup des mesures, les
plus sages de l'administration. »

Nous n'ignorons pas combien est délicat le rôle de la police en cette matière. Il y a une ligne de démarcation qu'il lui
est interdit de franchir et que nul ne pourrait indiquer avec
exactitude. Nous avons entendu parler d'erreurs déplorables
qui ont détruit l'honneur et le repos de plusieurs familles,
d'abus d'autorité, de hideux chantages, de révoltantes spécu-
lations. L'intelligence, le tact et la probité sont des qualités
que la nature du mandat confié aux agents rend indispensa-
bles. C'est au chef qu'il appartient de réprimer l'excès de zè-
le, toujours si dangereux, et d'exercer un contrôle sévère, qui
rende impossible l'oppression subalterne et les tentations pré-
varicatrices. Au surplus, la police d'Alger doit remarquer ce
qui frappe les yeux de tout le monde. Sur la place du Gouvernement, sur les boulevards, sous les arcades Bab-Azoun
et Bab-el-Oued, au théâtre, on est coudoyé par des femmes
que l'impunité encourage à faire ostensiblement leur métier
immoral et anti réglementaire. Ce sont des célébrités qui
n'ont pas besoin d'enseigne. On fait cercle autour d'elles, on
les nomme par leur sobriquet, on les tutoie sans façon,
on prélude publiquement aux conversations de l'alcôve ; souvent la jalousie se met de la partie : ce sont des injures, des
voies de fait même ; l'honnête femme est insultée, pour peu

qu'elle témoigne l'indignation ou le dégoût. Qu'importe le respect dû à la jeune fille qui passe au bras de sa mère, et la rougeur qu'un mot ou un geste, saisi involontairement, fait monter au front de l'innocence!

C'est alors que la police pourrait intervenir à coup sûr et préparer, par des assainissements partiels, l'assainissement général de la cité. Elle ne peut être partout, sans doute, s'il est vrai qu'elle n'a pas un personnel suffisant pour les besoins du service. Ne la contrarions point à cet égard ; contentons-nous d'exprimer le regret qu'elle se montre si rarement où elle devrait le plus souvent paraître.

La plupart des femmes dont nous venons de parler appartiennent de plein droit à sa surveillance ainsi que celles qui, de notoriété publique, malgré certaines précautions, se prostituent clandestinement. Mais, en ce qui concerne ces dernières, il faut, nous le répétons, une circonspection extrême, il faut que la perquisition amène un résultat; il faut, en un mot, qu'elle établisse l'existence du délit, sans quoi la visite revêt le caractère d'une violation de domicile et c'est le fonctionnaire lui-même qui pèche contre la légalité.

Du boudoir, quelquefois somptueux, dont la porte est toujours ouverte à de nouveaux sous-locataires quand la maîtresse du logis se trouve seule, descendons au rez-de-chaussée, nous y trouverons une autre variété de syrènes. Leur introduction en Algérie remonte aux premiers temps de la conquête. Celles-ci paraissent gagner honnêtement leur vie ; elles sont aux gages d'un patron ou d'une patronne tenant boutique et payant patente ; souvent elles exploitent pour leur propre compte l'un de ces petits établissements interlopes qui sont connus sous le nom de *caboulots* ; elles vendent de l'absinthe ou du rogome, ce qui fait qu'elles empoisonnent doublement leur clientèle. Mais, pour ces filles, le commerce apparent n'est qu'un manteau : ici, le comptoir n'existe que pour masquer la porte de quelque cabinet noir où elles réalisent leurs principaux bénéfices.

On ne saurait prétendre que ces établissements peuvent échapper à l'œil investigateur de la police, puisque, de la rue, sans le vouloir, on est témoin des manœuvres dont ils sont le théâtre.

Notre intention n'est point d'approfondir les mystères du ruisseau ; nous n'avons pas la sotte prétention d'apprendre à la police ce que, du reste, elle sait mieux que nous, simple observateur : trop heureux si nous sommes parvenu à éclairer une partie du public sur l'état de choses le plus fécond en scandales et en dangers !

Les maisons publiques semblent un exutoire nécessaire. Elles sont aux cités en général, et à la nôtre en particulier, ce que sont les canaux collecteurs aux matières pestilentielles, et ce n'est pas avancer un paradoxe, dit une autorité puissante, que de prétendre que dans *l'intérêt des mœurs et de l'ordre général*, il faut les protéger et les multiplier.

Lorsque la femme de mauvaise vie est *cartée*, c'est-à-dire autorisée par la police à exercer son métier, soit isolément, soit dans une maison de tolérance, elle se trouve l'objet d'une surveillance spéciale et doit observer certains règlements dont la rigueur même trouve son excuse ou sa justification dans les nécessités d'ordre public, de morale et de santé !

A cause de l'impossibilité où l'on est d'empêcher l'existence des maisons de débauche, on se trouve dans la nécessité, non de les autoriser, mais de les tolérer. De là, cette expression *de tolérance* appliquée, par pruderie de langage administratif, à toutes les maisons publiques.

Les femmes *exerçant régulièrement* relèvent du service des mœurs réglé par des arrêtés municipaux, quant à ses détails,

Voici quelques dispositions de l'arrêté du maire d'Alger, en date du 17 avril dernier :

Art. 1er Les femmes dites publiques sont, après les formalités requises, inscrites au bureau des mœurs, à la police centrale, sur des registres *ad hoc*. Elles sont égalment assujéties à prendre une carte conforme au modèle adopté. Cette carte est seulement une garantie à la santé publique, et ne comporte aucune dérogation aux lois protectrices de la morale.

Les inscriptions sont volontaires ou faites d'office.

Art. 2. Toute femme ou fille qui désire obtenir son inscription sur le contrôle des femmes soumises, doit se présenter devant le commissaire central. Elle sera provisoirement inscrite et recevra une carte provisoire.

L'inscription deviendra définitive, lorsque le commissaire central aura réuni les renseignements voulus ainsi que les pièces constatant l'identité de la déclarante.

Art. 3. Toute femme ou fille qui se livre notoirement à la prostitution est réputée femme publique.

La notoriété pourra être acquise par les faits suivants:

La société habituelle sciemment recherchée des femmes soumises ;

Les rencontres, en récidive, dans un lieu de débauche ;

L'arrestation en récidive sur la voie publique, pour conduite contraire aux bonnes mœurs, comme provocations et actes licencieux ;

La propagation du mal vénérien :

La domesticité dans une maison de prostitution, jusqu'à l'âge de 45 ans.

Aucune inscription d'office ne pourra être faite sans l'autorisation spéciale du maire, sur le vu du procès-verbal qui aura été dressé pour constater les causes motivant l'inscription.

Suivent la classification de femmes soumises en femmes dites *de maison*, en femmes dites *isolées*, les défenses qui leur sont faites de fréquenter certains lieux, d'employer certaines manœuvres, et enfin les obligations qui leur sont imposées de subir les visites médicales périodiques.

Les droits de la police sont donc clairement déterminés en ce qui concerne l'inscription d'office. Il suffit qu'une femme ou fille se trouve dans une des conditions déterminées par l'art. 3 précité pour que, *d'office*, elle soit inscrite et cartée.

Ici se présente une question des plus graves:

SI LA FILLE EST MINEURE ?

Malheureusement, le cas se présente tous les jours, comme nous l'avons dit en commençant. Et ce ne sont pas seulement de ces mineures auxquelles il manque peu d'âge pour atteindre la majorité, qui se livrent ou qu'on livre à la prostitution, mais de véritables enfants.

Ne nous occupons point de cette dernière catégorie ; l'intervention administrative doit faire place ici à l'action judiciaire; il ne s'agit plus de règlement, mais de répression. C'est aux tribunaux correctionnels ou criminels qu'il appartient de venger la nature et la morale odieusement outragées. Les maisons de tolérance ne peuvent dans aucun cas s'ouvrir pour les victimes que l'on doit toujours espérer de ramener dans la bonne voie.

Mais pour les femmes nubiles, quoique mineures encore, les considérations ne sont pas les mêmes. Telle prostituée de vingt ans et quelques mois, exerçant son métier depuis l'adolescence, doit-elle éveiller la sollicitude du magistrat ? N'est-elle pas corrompue, perdue sans ressource? La loi protége les mineurs et fait bien ; mais en regard de la minorité d'âge, il y a la majorité du vice. Bien longtemps avant d'acquérir le droit légal de disposer de sa personne, la fille publique algérienne a gagné ses chevrons, et celle qui arrive de France ou de l'étranger n'est pas moins rompues à la pratique du libertinage. La plupart n'ont pas connu de jeunesse, et sont toujours restées étrangères, faute de milieu moral, aux notions les plus élémentaires du respect que la femme se doit à elle-même; et l'on voudrait refaire ce qui n'a jamais existé, en vertu d'une fiction légale, d'une disposition contre laquelle le climat, le tempérament physique et moral, la manière de vivre, les penchants naturels, la contagion de l'exemple et jusqu'à des états de service irrécusables viennent protester tous les jours !

Les prostituées sont hors la loi commune. Il s'agit de

fixer l'âge pour l'enregistrement, non d'après les prescriptions rigoureuses du Code pénal, mais selon les lieux et les circonstances. Cela est si vrai que la police de Paris elle-même n'a jamais considéré comme devant être sa règle de conduite, le texte applicable en matière ordinaire. Elle pense avec raison que :

« La valeur n'attend pas le nombre des années »

Elle s'écrie en véritable moraliste :

« *Summum jus, summa injuria* »

Citons des faits à l'appui :

Dans un rapport fait au préfet de police par MM. Aubert et Wolf, en 1817, il est dit que *les règlements prescrivent bien de ne pas enregistrer une fille avant* SEIZE ANS *accompli,s* mais qu'on s'en relâcha tellement, qu'on en recevait quelquefois de DOUZE à TREIZE ANS.

Pendant la longue administration de M. Delavau, dit Parent-Duchâtelet, on s'occupa de l'âge qu'il convenait de fixer pour l'enregistrement des mineures ; ce magistrat voulut d'abord que l'inscription n'eût lieu qu'à la majorité révolue ; mais il ne tarda pas à reconnaître les graves inconvénients d'un aussi long délai, et, après de mûres délibérations, il crut rendre un service aux familles et à la morale en exigeant qu'on n'inscrivît aucune prostituée avant l'âge de dix-huit ans accomplis (1824). Cette mesure était sage, mais pouvait-elle être exécutée à la lettre dans toutes les circonstances ? L'expérience ne tarda pas à démontrer le contraire, et M. Delavau lui-même fut obligé de faire inscrire d'office un bon nombre de jeunes filles qui n'avaient pas cet âge.

Son successeur, M. Debelleyme, à peine installé dans ses nouvelles fonctions, nomma une commission où on reconnut l'impossibilité de se mettre sous ce rapport, en harmonie avec la loi, et, contre son avis primitif, M. Debelleyme convint qu'il fallait abaisser d'une année l'âge de l'inscription, et la fixer à DIX-SEPT ANS. Cette décision eut lieu le 20 mars 1828.

M. Mangin, successeur de M. Debelleyme, ne voyant dans cette inscription prématurée qu'une infraction à la loi, reporta à vingt-et-un ans l'âge de l'inscription; mais il reconnut bientôt les inconvénients graves de cette mesure, et ne tarda pas à remettre à dix-huit ans l'âge ordinaire de l'inscription, il fit plus, car pendant son administration, revenant aux errements de ses prédecesseurs, il autorisa l'enregistrement de plusieurs filles qui étaient loin d'avoir cet âge.

Il est évident que ces magistrats d'opinions et de vues différentes n'ont fini par se ranger au même avis, qu'en vertu de considérations de la plus haute portée et de la situation exceptionnelle des filles publiques. La loi cependant était alors la même qu'aujourd'hui ; mais la lettre tue et l'esprit vivifie ; il s'agit bien de l'intérêt fort contestable des filles publiques ! Ce qui doit éveiller avant tout la sollicitude du magistrat, c'est l'ordre public, c'est la morale publique, c'est la santé publique, c'est le *salus populi*.

Dernièrement, nous assistions à une audience du tribunal correctionnel d'Alger.

Le ministère public fulminait contre plusieurs maisons de tolérance qui avaient admis des filles encore mineures. Il ne s'agissait pas dans l'espèce de ces pauvres créatures qui portent sur leur physionomie leur extrait de naissance, mais de gaillardes que la production des pièces les plus authentiques ne vous empêcherait point de prendre pour des femmes ayant, depuis longtemps, dépassé la majorité. D'ailleurs, les maisons ne les avaient accueillies qu'après avoir rempli toutes les formalités vis-à-vis de la police, pour se mettre à l'abri de toute espèce de reproche. C'est ainsi qu'elles ont l'habitude d'agir ; jamais femme ou fille n'est admise sous leur toit, si on ne l'a revêtue préalablement de l'estampille. La question de bonne foi et la question de formalité semblaient être en leur faveur. Mais quoi qu'ils aient pu dire, les propriétaires de ces maisons ont été condamnés, en premier ressort, à une amende et à un emprisonnement.

Voilà une décision judiciaire qui renverse toutes nos idées.

Passer par dessus la police pour frapper les personnes qui en dépendent d'une manière absolue, nous semble une mesure bien rigoureuse.

A qui incombe le soin de l'enquête ?

L'art. 2 de l'arrêté municipale ne dit-il pas que l'inscription deviendra définitive lorsque le commissaire central *aura réuni les* RENSEIGNEMENTS VOULUS, *ainsi que l'identité de la déclarante.*

La maison de tolérance, suivant nous, ne peut être inquiétée du moment qu'elle a reçu, en quelque sorte, livraison des mains de la police.

Elle ne doit pas prévenir son contrôle ; elle ne doit pas davantage 'e vérifier. Par quels moyens y arriverait-elle d'ailleurs ?

Les passeports indiquent l'âge déclaré, qui n'est jamais l'âge réel ; l'extrait de naissance produit appartient quelquefois à une autre personne. Donc, nulle garantie, nulle sécurité. Nous ne voyons pas de situation plus équivoque, plus dangeureuse, plus impossible que celle faite aux maisons de tolérance par le jugement dont il s'agit : ou la police a un mandat, ou elle n'en a pas.

Mais en aucun cas elle ne saurait décliner sa responsabilité.

Pourquoi, d'ailleurs entrerait-il dans son esprit de se soustraire aux conséquences de ses actes, du moment qu'ils sont inspirés par un sentiment réfléchi du bien public ?

La violation de la loi !

Mais ne saurait-elle invoquer les précédents.

A ce compte, les préfets de la Seine, MM. Pasquier, Delavau et Debelleyme, eux aussi, auraient violé la loi.

La police a sous sa main tout un arsenal d'arguments péremptoires.

Que voulez-vous que je fasse, peut-elle s'écrier, de toutes ces filles mineures qui exercent la prostitution , si je n'ai pas le droit de les faire entrer dans les maisons de tolérance, à quel embarras me livrez-vous, si vous considérez comme lettre morte, leurs antécédents dûment établis, et qui constituent, à mes yeux, des titres sur lesquels il est inutile de revenir !

La police des mœurs forme une autorité à part, indépendante, arbitraire, suivant l'acception favorable du mot.

Si elle a le droit de balayer la voie publique des jeunes recrues de la prostitution, il serait absurde de vouloir qu'elle n'eût pas d'autre refuge à offrir aux anciennes prostituées qui débarquent.

Avons-nous des maisons d'asile, assez de casernes hospitalières, de lazarets spéciaux où cette multitude de femmes perdues puisse faire quarantaine ?

Non.

Tout ce que vous pouvez exiger de moi, en une matière si grave, c'est une sévère attention, c'est un religieux discernement, c'est une sage temporisation dans les cas douteux, une prudence poussée jusqu'à l'excès.

Que les parents élèvent et surveillent convenablement leurs filles ;

Que la justice, se montre sévère à l'égard de ceux qui corrompent, détournent les mineures, les poussent à faire le premier pas dans la voie du vice ,

Et la police aura moins de besogne, moins de responsabilité, et, d'autre part, on sera moins fondé à dire que « la prostitution est un mal nécessaire. »

www.ingramcontent.com/pod-product-compliance
Lightning Source LLC
Chambersburg PA
CBHW061157050726
47594CB00008B/3452